U0139778

冲段必备

化繁为简学围棋

小目低挂一间高夹

邹俊杰 著

山西出版传媒集团　书海出版社

图书在版编目(CIP)数据

化繁为简学围棋. 小目低挂一间高夹 / 邹俊杰著
. —太原：书海出版社，2023.5
ISBN 978-7-5571-0110-7

Ⅰ. ①化… Ⅱ. ①邹… Ⅲ. ①围棋—基本知识 Ⅳ.
①G891.3

中国国家版本馆 CIP 数据核字(2023)第 059051 号

化繁为简学围棋. 小目低挂一间高夹

著　　者：	邹俊杰	
责任编辑：	张　洁	
执行编辑：	侯天祥	
助理编辑：	王逸雪	
复　　审：	崔人杰	
终　　审：	梁晋华	
装帧设计：	谢　成	

出 版 者：	山西出版传媒集团·书海出版社
地　　址：	太原市建设南路21号
邮　　编：	030012
发行营销：	0351-4922220　4955996　4956039　4922127（传真）
天猫官网：	https://sxrmcbs.tmall.com　电话：0351-4922159
E - m a i l：	sxskcb@163.com　发行部
	sxskcb@126.com　总编室
网　　址：	www.sxskcb.com

经 销 者：	山西出版传媒集团·书海出版社
承 印 厂：	山西出版传媒集团·山西人民印刷有限责任公司

开　　本：	787mm×1092mm　1/32
印　　张：	5
字　　数：	70千字
版　　次：	2023年5月　第1版
印　　次：	2023年5月　第1次印刷
书　　号：	ISBN 978-7-5571-0110-7
定　　价：	20.00元

如有印装质量问题请与本社联系调换

前　言

　　哈喽，大家好，我是邹俊杰。熟悉我的朋友们应该知道，我之前写过一套围棋系列书籍叫做《变与不变》。这一晃，都快十年了，无论怎样"变与不变"，围棋终究是变了。AI的出现，给围棋技术带来了革命性的变化，很多下法被淘汰，同时，也有了很多创新的下法。怎么说呢？

　　AI的出现，让我们所有的围棋人，都重新开始学习围棋。这次，我就是来和大家分享我的学习笔记的。

　　我们都知道，AI具备着超强大的算力。因此，AI的很多招法背后的逻辑是难以理解的。并且，它是机器，只告诉你胜率，一个冰冷的数据。它没法告诉你它的逻辑推理过程、它的思考方式，您只能自己去揣摩。它也没有情感，不知道人类擅长掌握什么局面，棋手之间的风格差异和个人喜好。所以，即使是顶尖的职业选手用AI学习，AI也不能教授他们如何控制局面，将局面简化并把优势保持到终点。因为，AI只会告诉你：胜率！胜率！胜率！

对不起，这个胜率是AI眼中的胜率，不是你眼中的胜率！就像乔丹告诉你，他可以在罚球线起跳，并且在空中滑行的过程中，抽空想想今晚是吃披萨还是牛排，喝哪个品牌的红酒。然后，再将篮球轻松地灌进篮筐。对不起，你就是原地扣篮也是不太可能的事，更别说罚球线扣篮了。

所以，AI的招法我们是需要简化地学习的。也就是说，化繁为简，放弃一些复杂的下法，找到相对简明又能控制局面的下法，这才是关键！如同健身一样，每个人能力不同，训练力量的强度则不同。咱们必须找到适合自己的下法，这才是最重要的！毕竟，围棋需要咱们自己去下，你不能总拿着AI的胜率去指点江山。如果靠嘴下棋可以赢棋，我想我也可以和乔丹较量一下篮球啦。

好啦！讲了这么多废话，我写这套书的目的是什么呢？我就是想让大家轻松地学习AI的招法。

　　无论是开局定式还是实战常型，我都想把我对AI下法的理解，配合全局的思考，以及我个人对局面的喜好呈现给大家，让大家能更好地理解和掌握一些流行的下法。

　　我们都知道，围棋始终是计算的游戏。提高计算力最好的方式就是做死活题。但当你有了一定的计算基础，掌握一些流行定式和实战常型的下法就是如虎添翼，会让你的实战能力得到极大的提高！

　　而光看AI的胜率是很枯燥的，它没有情感。人类的柴米油盐酱醋茶、琴棋书画诗酒花，AI完全不懂！并且，围棋中很多非常复杂的战斗，即使有AI辅助，人类依然很难搞明白。

　　所以，我就想，咱能不能化繁为简，让大家轻松学AI呢？

　　我想试试看！希望这次出版的系列作品，能给大家带来精神的愉悦和棋力的提高。如果一不小心，能帮助您多赢几盘棋，升个段啥的，我就非常愉快啦！

图一

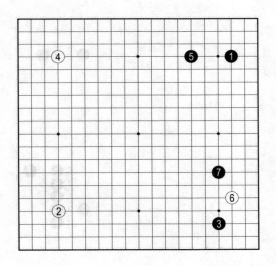

AI时代来临之后，在职业高手的对局中，小目低挂时，最流行的夹击下法大致有三种。

1. 二间低夹。2. 一间低夹。3. 一间高夹。

夹击三连击，完全可以成立个组合，称之为——"夹击界的小虎队"！

前面的"霹雳虎"和"小帅虎"咱们之前聊过了，今天咱们就来探讨一下"乖乖虎"的变化。

黑7就是传说中的"乖乖虎"——小目一间高夹。他真的乖吗？

图二

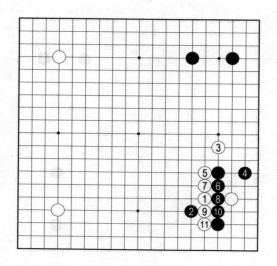

在很久很久以前，咱们是这么下的。

当邹老师迈入职业的门槛之后，就发现这是个坑！

现在有了AI可以更好地辅助分析，进一步证实了之前的判断是正确的！

所以，咱们要和过去的"定式"说再见了！

白棋的问题出在了哪里？

白7，请勇敢地站出来！

图三

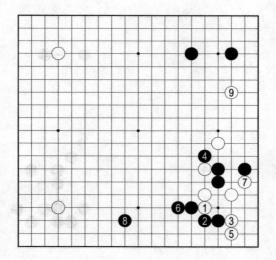

白1、3才是此时正确的防守。

AI老师告诉我们一定要——重视角地！

黑4扳出，只是浮云。

白5、7拿住角地才是真正的实惠。

至白9，白棋明显好调。

图四

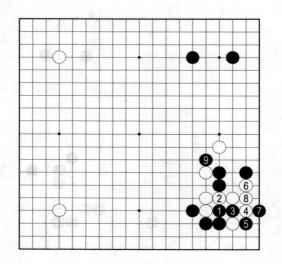

邹老师，黑1、3冲吃，白棋咋办？

您不是说要重视角地吗，角地现在都归黑了！

注意看，通过几手交换，白棋得以虎在6位，黑棋上边就没那么好出头了。

黑9偏要出头，咋办？

成全他！凉拌了他！

图五

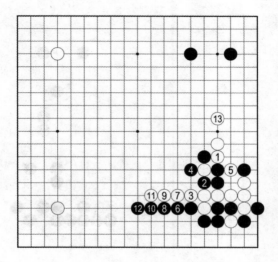

白1断，3位拐出，送黑棋拔花，意外吗？

白5连回之后，黑棋得回防角部。

白连压几手之后，于13位跳，黑棋当初的拔花反倒成为了负担。

白棋明显好调！

进程中，白1先于3位拐也很好，依然是白棋有利的结果。

图六

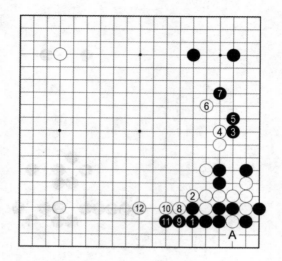

　　既然黑棋不能扳出，试试1位粘上，先补角上断点。

　　白2拐继续给角上施压，黑3得逃出右边。

　　白8扳，黑棋只能9、11连爬，有些委屈。

　　注意，白A位立是先手，黑棋有气紧的关系，黑9和11都不能跳出，只能连爬！

　　至白12，黑棋全局被压制在低位，白棋明显有利。

图七

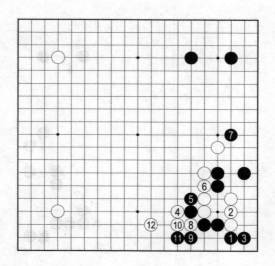

　　黑1、3争夺角上眼位，可明显有被白棋便宜之嫌。

　　别得意！保持冷静和孤傲的形象，展示才华的机会到了！

　　白4夹，潇洒！此手一出，无数双崇拜的小眼神都会聚焦到您身上！

　　黑5冲出，白6顺势粘上，7位与8位，白必得其一！

　　至白12，黑大亏。

图八

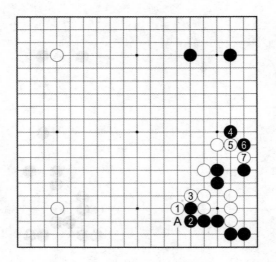

白1夹，值得好好欣赏三分钟。

其中，2分59秒是在欣赏对手痛苦的表情。

黑2只好粘上，棋形很委屈。

黑4之后，白棋直接A位挡下也可行。

不过，白5、7继续追究右边黑棋，我认为也是简明之策。

图九

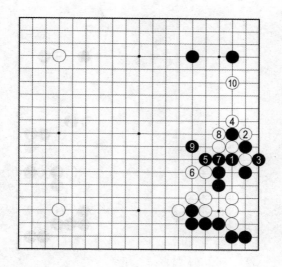

黑1吃这边，白4征吃外面一子。

黑5扳出之后，白10简单安定即可。

黑棋自身没活干净，又攻不到白棋，忙活了半天，空在哪里？

图十

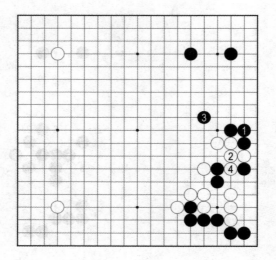

黑棋只好从这边粘。

黑3飞，白4补棋即可，白棋明显优势。

看来，还得给黑棋想想办法。

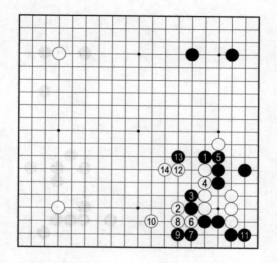

黑1此时扳出，白2依然是局部的好手。

核心手段要牢记，不要错过每一个耍帅的瞬间，那是属于你的舞台！

黑3冲出，至黑11，几乎是必然的进行。

白12简单吃住黑棋即可，白棋形势明显有利！

图十二

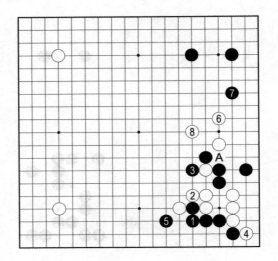

黑1粘，龟缩大法，实在难以接受！

白2之后，A位的断点黑棋得防。

黑3打吃，白4先手安定角部之后，白6跳，处理上边。

至白8，黑棋实空不足，形势明显不利。

图十三

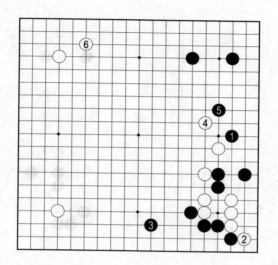

黑1滑出，至白6，双方和平解决，各自安好。

可是，细品一下，好像哪里不太对……

当初的黑角，变成了白角，右边的黑空不仅位置偏低，棋形的味道好像还不大好。

小黑："好像被骗了。"

小白："交个朋友嘛，下次请你吃火锅，给你来盘猪脑花补补！"

图十四

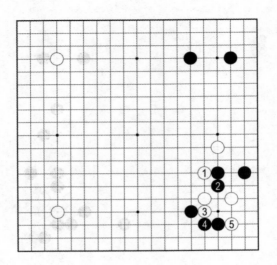

好啦，总结一下。

当黑2长的时候，白3、5的连招是不可错过的好手！

请默默承受命运的安排——黑棋要完！

这就完了？

内心是不是有种意犹未尽的感觉，无声又无息，出没在心底？

别慌！黑棋还有招！

绝不向命运低头！

图十五

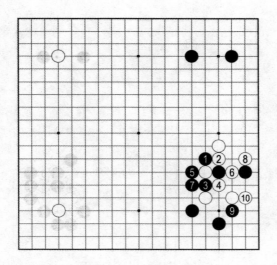

黑1扳，才是最佳的时机，也是黑棋局部最强的抵抗！

只不过，黑3打吃，脑花洒了一地。

麻烦下次耍帅，至少撑过3秒行吗！

白4、6之后，黑棋没有合适的劫材，大致只好7位团，白8冷静自补即可。

黑9的先手便宜是黑棋唯一的心理安慰，但依然无法弥补受伤的心灵。

图十六

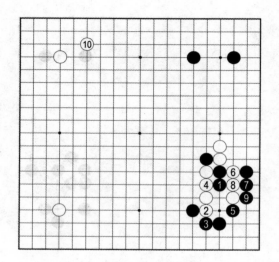

黑1长，才是正确的选择！

白2先冲是重要的次序！如白棋直接4位粘，黑棋一路冲过来，白棋就坏菜了！

有了白2的交换，黑棋冲不过来，只好黑5尖顶。

白6挖是局部紧凑的好棋，黑棋动弹不得，至白10，黑棋明显亏损。

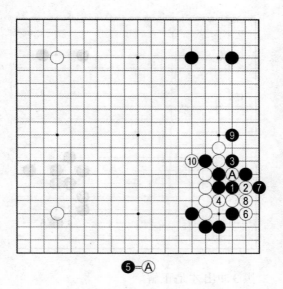

⑤=Ⓐ

黑1冲，一般这类凑上去挨滚包的行为，绝大多数都属于自取其辱。

白10简单吃住即可。

黑棋这一通诡异的操作究竟在忙些啥？

图十八

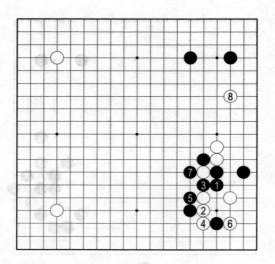

黑3冲出才是正解。

记住，对局时别总被对手的思路牵着走，要有反击意识！

白4冲下获取角地，至白8是双方都可接受的结果。

我个人觉得白棋还行。

您若是不喜欢，白棋还有另一种选择。

图十九

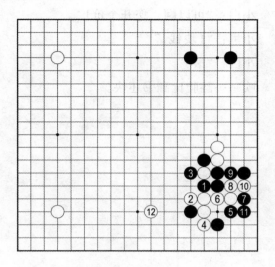

白2冲这边也是一法。

黑3只好提，白4冲下，黑5尖，做活角部。

至白12，依然是不相伯仲的局势。

邹老师，对于黑3，我有一些贪婪的想法。

贪婪是社会前进的动力，但贪婪同样会使人坠入深渊。

围棋之道与为人处世之道相同，最难之处在于分寸、尺度的把控。

小黑："您这把扇子不错，上边还有邹老

师签名，卖给我如何？"

小白："可以啊，您开个价！"

小黑："1块钱。"

小白："滚！"

唉……翻脸比翻书还快。

图二十

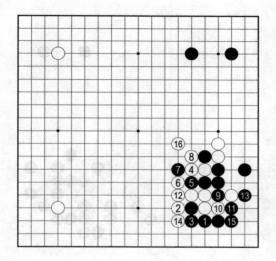

黑1爬，贪心了！

白2打吃之后，白4长出得以成立。

黑5以下几乎是必然的进行。

白14先手挡下，心情舒畅之极。

至白16，是黑棋亏损的结果。

图二十一

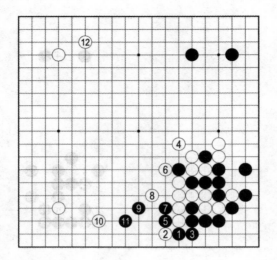

黑 1、3 的补棋方式也许比上图好一些。

但细节上的优化改变不了大势所向！

白 4 补强外围，黑 5 断，白棋继续补棋，脾气好吧。

黑棋似乎在局部节节胜利，可年底一算总账，营收都不够交房租的。

这就叫做——忙了个寂寞！

图二十二

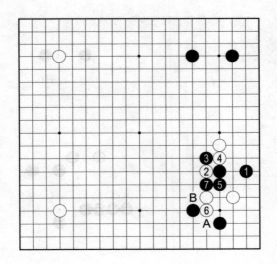

总结一下。

黑1跳下，白2靠上边是一法。

黑3、5、7的次序为局部最强应对！

接下来，白棋有A、B两种选择（图十八和图十九），都是双方可接受的定型。

您若不满意，为师还有一计，可供参考！

图二十三

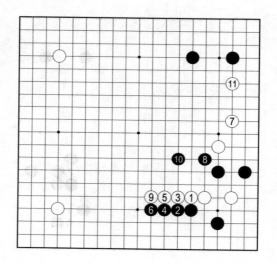

白1压，朴实到极致的一手！

意外吧？小时候学棋，老师告诉我们，压四路多数是亏的！

AI老师告诉我们，让你的老师放马过来！

AI："别误会，我不是针对谁，我是说在座的各位……"

其实，白棋也没啥优势可言。至白11，依然是一场势均力敌的战斗。

图二十四

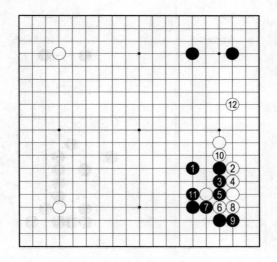

讲完下跳，咱们来看看上跳。

黑1跳，也是曾经流行的下法。

白2托，寻求联络。

黑5冲，白6挖是局部的好棋。

至白12，是白棋有利的定型。

进程中，黑11不与白12作交换会好一些。

不过，依然是白棋不错的局面。

邹老师，黑7难道不该追求一下吗？

图二十五

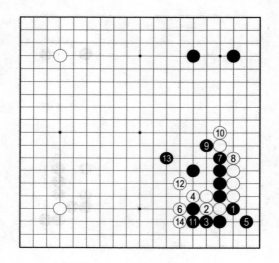

来看看您所追求的下法！

白4拐出之后，黑5需要补棋。

至白14，谁也攻不到谁，那就是比谁空多！

肉眼可见，黑棋的粮草确实有些少。

所以，黑棋真正需要背锅的是——上图中的黑5！

不要总逞英雄，没搞清楚之前别带头往前冲！

难道不知道，枪打出头鸟吗！

树上停着一只，一只什么鸟，砰……

图二十六

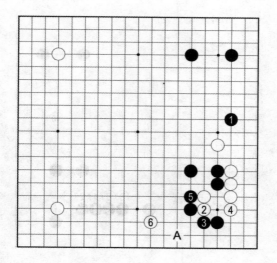

黑1从这边拦逼会优于上图的进行。

白6拆边之后，瞄着A位的手段，黑棋有些难受。

尽管是难解的局势，但我个人认为白棋会好下一些。

图二十七

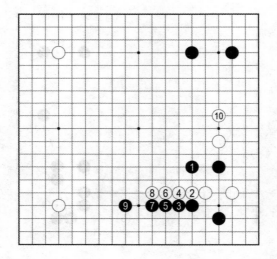

其实，黑1跳的时候，白棋直接压出也不错。

白棋连压四路似乎有些俗，但黑棋上边的子力过于靠近白棋的厚势，黑棋的配置也不太好。

至白10，依然是白棋稍有利的局势。

图二十八

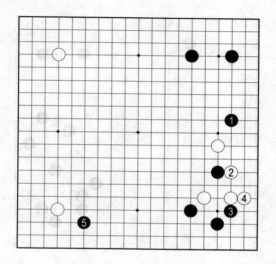

黑1直接拦逼，或许要比之前的下法好一些。

白2如稳健托过，黑棋角上先手便宜一下，局部就暂且告一段落了。

本图的进行，我认为白棋的速度有些慢，稍有不满。

那既然不满，咱们就得给白棋想想招。

图二十九

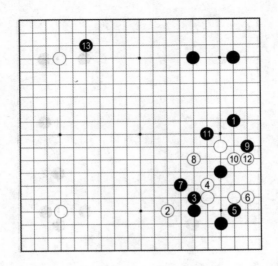

　　白2从这边拦逼，与其说是攻击黑棋，不如说是给右边补棋，寻求一个步调。

　　为人处世，需要互相给对方一个台阶下。

　　小黑："久仰白兄大名，今日一见，果然玉树临风，闻名不如见面。"

　　小白："黑兄过奖了。黑兄出水芙蓉，沉鱼落雁，真是让人仰慕啊！"

　　小黑："你个锤子，是不是搞错了性别！"

　　行进至黑13，是双方都可接受的定型。

图三十

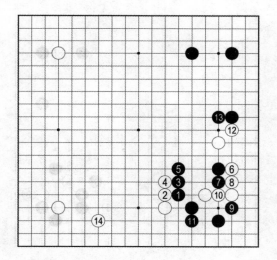

黑1尖出也是可以考虑的一法。

白棋贴几下之后，需回防右边。

黑9守住角地，搜刮白棋的同时，补强自身。

至白14，依然是接近的局势。

图三十一

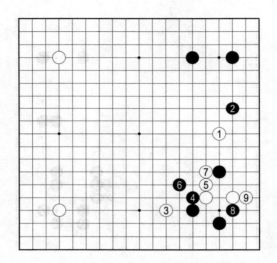

　　我们之前讲了白棋紧一路夹击的下法。

　　现在，咱们聊聊白1松一路夹击的变化。

　　在近年来，职业高手的实战对局中，白1的夹击是比较流行的。

　　黑2如拦逼，白3逼迫黑角是可以考虑的手段。

　　黑棋贴出之后，至白9，是双方正常的定型。

　　这就完了？

　　导演没喊"CUT"，是不能停下来的！

　　这就是我常跟你们说的，专业！

图三十二

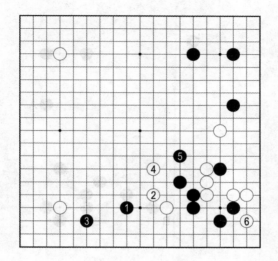

前方高能预警，战斗会有些复杂，请做好心理准备！

接下来，黑1夹击是可以考虑的选点。

白2尖出，黑3挂角，白棋不予理睬，抢攻右边。

至白6，形成混战。

专业如我，也只能帮您到这里了。

请另投名师……

图三十三

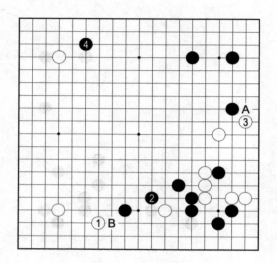

白1从这边拦逼，双方各自安好，相对于上图要简明一些。至黑4，依然是不相伯仲的局势。

注意几点！

黑4如在A位挡，是后手，白棋不会跟着应。

下边黑B位尖顶是诱人的大场。

总之，无论是本图还是上图的进行，都超出了为师可控的范围。今后的路，您只能自己走。

当你踏上月台，从此一个人走，我只能深深地祝福你……

图三十四

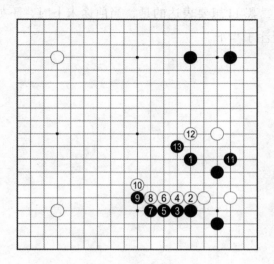

黑1小飞也是可以考虑的一手。

白棋的应法有很多种。

出于化繁为简的考虑，我还是推荐朴实一点的下法。

白2压出，重剑无锋！

别整那些虚的，一直压到白8，五子棋先胜一盘再说！

至黑13，依然是一场乱战。

邹老师，黑11阻断白棋，有那么着急吗？

黑棋不阻断，白棋也未必会连，但黑11关

系到双方的眼位，总有一手棋的价值。

　　黑11想要表达的是，当前途未卜时，不如专注于当下。

柯洁九段执黑对申旻埈九段

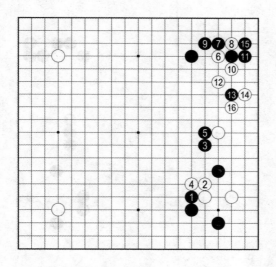

黑1、3的下法也很流行。

看看顶尖高手的实战对局。

这是2022年，中国围棋甲级联赛的对局。

白6、8扭断，高手的棋都是这么难缠。

角部的变化不是本书的重点，咱们就不展开讲了，如若有缘，今后咱们再详细探讨。

黑13点，是想破坏白棋的意图。

白14托，巧妙的防守。

看见了吧！顶尖高手都是"铁公鸡"，想拔根毛比登天还难！

图三十五

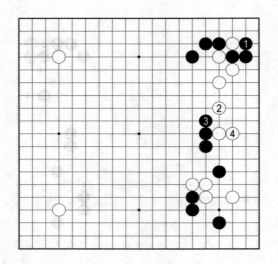

黑1如老实补棋，白2、4搭个温暖的小窝，白棋达到了目的。

所以，上图黑棋想追求一下。

小黑："哥们，都买了个手机了，能送我个塑料袋吗？"

小白："等下次搞活动，一定送您啊！"

日子有那么难吗……

图三十六

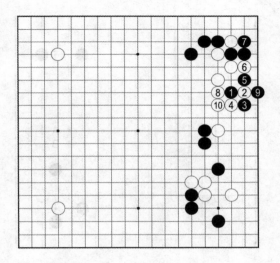

白2托，塑料袋咱也不送！

黑如3位反击，白4断是关联的手筋。

黑棋角上欠着棋，敢怒不敢言。

双方大致进行至白10，黑棋这一串交换未必便宜。

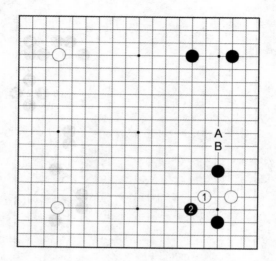

好啦，总结一下知识点！

我们之前主要讲的是白1跳的变化。

黑2之后，白A、B两种夹击的方式均可考虑。

总之，乱战是主旋律，不喜欢战斗的同学们，请谨慎选择白1跳的下法。

图三十八

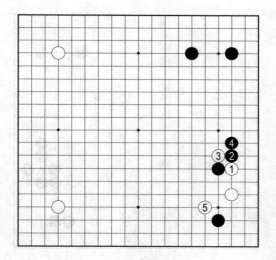

来看看白1、3托断的下法。

这也是以前非常流行的定式。

AI老师会给出怎样的意见呢?

小黑:"我最强!"

小白:"我最棒!"

AI老师:"麻烦都让一让,咳咳,我想简单讲两句。"

图三十九

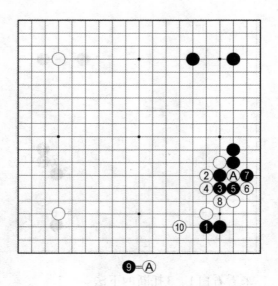

⑨=Ⓐ

黑1爬，是白棋所期待的。

白2、4之后，黑二子几乎不能要了。

黑5还要执迷不悟。

被打成包子，难道觉得很酷吗？

至白10，黑棋一个局部下完棋局就快结束

了！

小白："别认输啊，我还没热身呢！"

图四十

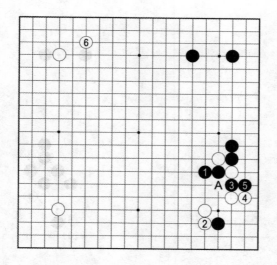

黑1长是以前的下法。

那个年代，白6是于A位挤的，具体我就不展开讲了。

有些事，该忘就忘了吧。

白6脱先较好。至此，形势大致两分。

告诉你个小秘密，黑棋有更好的应对！

图四十一

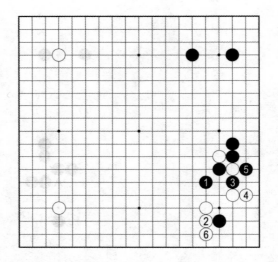

AI老师强调黑棋要1位尖！

目的就是不让白棋争先手。

至白6，白棋虽然获取了实地，但黑棋右边的配置极佳，如此，是黑棋稍有利的定型。

小黑："今天运气不错，上来就吃鸡。"

图四十二

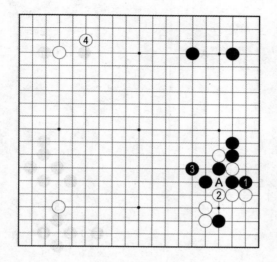

　　注意，黑1挡是有问题的！

　　白2可以长。由于有A位的挤打，黑3只好补棋，黑棋局部就落了后手！

　　小黑："我恨白2！"

图四十三

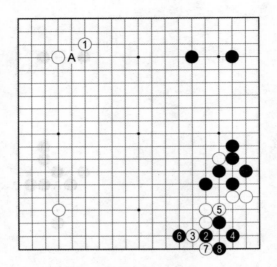

之前，白为啥不能脱先？我就不信那个邪！

黑2、4扳虎是黑棋瞄着的后续手段，局部会形成打劫。

白5直接7位打，黑棋也是做劫。

黑兄："白兄，看见A位的劫材了吗？够你喝一壶的！"

白兄："我没醉，我还没喝够，再给我来一壶。"

图四十四

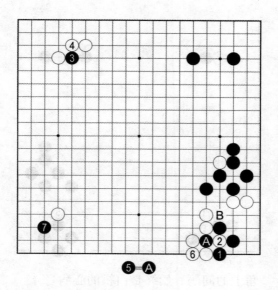

⑤=Ⓐ

白6粘上，继续顽强。

小白："我看你能拿我怎样，来打劫啊，我怕你啊！"

黑棋脱先，留着B位的手段是高明的战术！

小黑："我把炸弹先寄存在你裤兜里，先不引爆。"

小白："给个痛快吧，哥们！"

图四十五

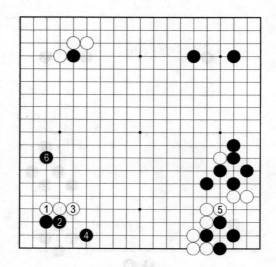

角上的问题，始终是白棋的心病。

小白："不补棋，我心里好慌啊，会不会癌变？"

白棋始终要补，黑6抢占大场，全局速度较快，是可以满意的结果。

图四十六

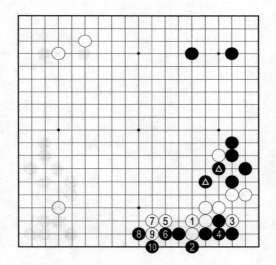

白1粘，不打劫会怎样呢？

黑棋就一路渡过。

邹老师，这也行啊！

黑棋棋形看起来很苟且，但白棋就是拿不住黑棋。而黑棋上方的厚势，隐隐威胁着白棋的死活，白棋行棋方向反倒有些问题。

小黑："不服气？来打我啊！"

小白："你等着！我明天叫人去！"

图四十七

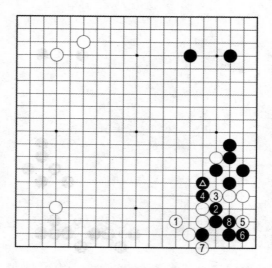

白1虎，正是黑棋所期待的。

当初，黑棋△位置的优势就得以体现出来！

黑2、4冲断，白棋陷入难局。

小黑："今天对局结束得早，下午可以约场篮球。"

图四十八

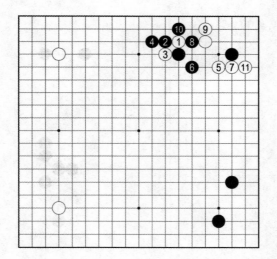

注意，黑棋也不是无往不利的！

和图四十一作个比较。

同样的手段，配置不同，结局就会有所不同，本图是白棋有利。

小黑："咦，这次咋没吃鸡呢？"

小白："不好意思，我偷偷改了游戏设置。"

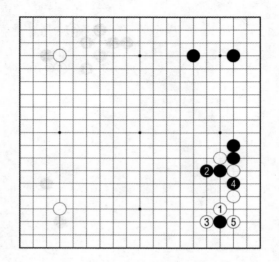

除了飞压之外，白棋1位小尖也是可以考虑的选择。

至白5，也是曾经流行过的定式。

不过，AI老师又提出了小小的建议。

AI老师："白棋为啥要落后手，请再思考一下！"

图五十

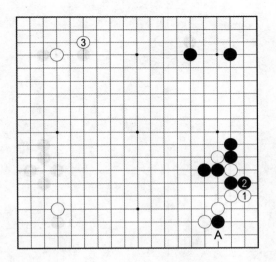

白1立，瞄着救回边上的白子。

黑2大致需要补。先手交换之后，白棋就可以脱先啦！

小白："我要飞得更高！"

小黑："你给我下来！"

至白3，千万别觉得白棋好！

黑棋仗着右边的配置较为理想，角上今后A位立，还留有余味，全局依然是势均力敌的局面。

图五十一

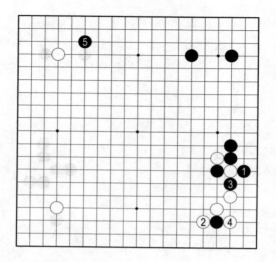

注意！AI老师又教招啦！

黑1位打吃，是此局面下不错的选择。

白2如扳，至黑5，黑棋争到先手，可以满意！

小白："你满意了，我晚上怎么睡得着！"

小黑："习惯了就好，失眠也是很享受的。"

图五十二

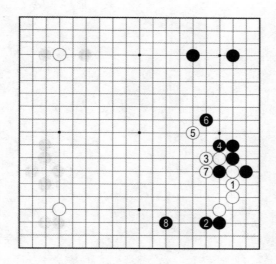

白1粘上，黑棋即可看轻那颗黑子。

小黑："昨晚吃鸡，还剩下一个鸡爪，送你啦。"

小白："信不信我锤死你！"

黑棋仗着右边的配置好，可于4位拐，撑起右边的阵势。

至黑8，我认为黑棋还不错。

图五十三

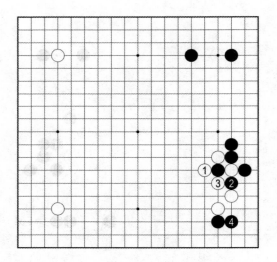

白棋终于醒悟过来。

小白："原来那个鸡爪有毒！"

白1反打会稍优于上图的定型。

白3打住之后，黑棋开劫显然不利，黑4长是正常的分寸。

接下来，会形成怎样的定型呢？

图五十四

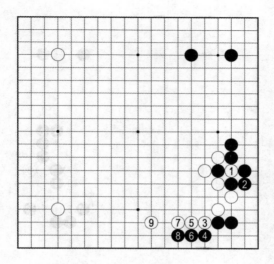

至白9，形成一个新颖的变化。

怎么样，没见过吧？

告诉你个秘密，邹老师也是第一次见！

形势如何呢？

看心情。

啥叫看心情？

就是执黑、执白都差不多，您看心情选择
黑白！

图五十五

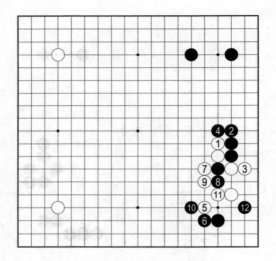

托断之后，AI老师还提出了白1压的下法。

其他复杂的变化咱们就不展开讲了。

给同学们推荐个简明的定型。

他强任他强，黑棋弃掉两子即可。

至黑12，是双方都可接受的结果。

我个人认为，此局面下，黑棋挺好掌握。

图五十六

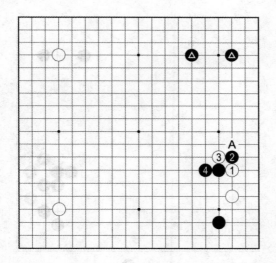

好啦，总结一下。

白棋 1、3 托断，由于黑棋上边的配置比较理想，黑棋 A 位长，是此局面下较好的应对！

图五十四，是我个人比较认可的定型。

既然都讲到这里了，邹老师实在收不住这即将溢出的才华，咱们就再讲讲局部黑棋其他的下法吧！

来看看，黑 4 长的变化。

图五十七

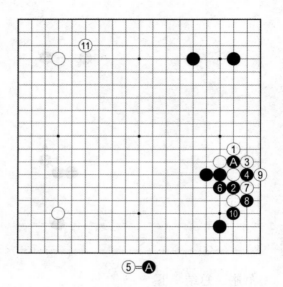

⑤=Ⓐ

白1打吃是必然的一手。

黑2从这里打吃，有问题！

白5如凶狠一点，还可以考虑在右上角的星位碰，制造劫材，伺机打爆黑棋右下角。

白5粘，即使用最简单的下法也是白棋有利！

小白："黑兄今天好帅啊！"

小黑："这一大早就莫名奇妙地说实话，我有种不祥的预感。"

图五十八

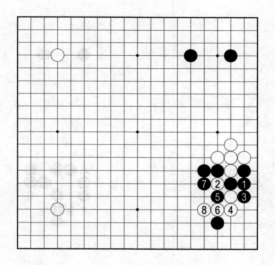

黑1粘下边也不行。

白2断之后4位长，黑5打吃不到，白棋从6位冲出，黑角被打穿了，黑棋明显吃亏。

那黑3先于5位打吃呢？

图五十九

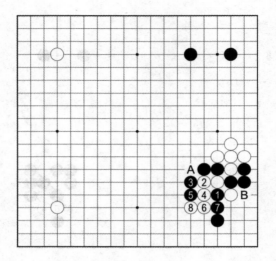

黑1打吃之后，A与B两点见合，黑棋始终无法兼顾。

至白8，黑棋已难以为继。

小白："黑兄，对不起，今天下手重了点。"

小黑："等我好好学习一下邹老师的书，再来收拾你！"

图六十

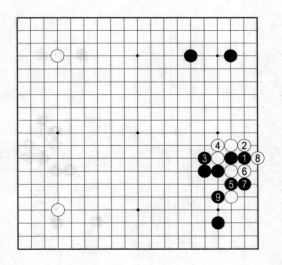

综上所述，黑1是必须立的！

白2挡错了方向！

黑3以下弃子即可。至黑9，是黑棋明显有利的结果。

小黑："白兄，今天很精神嘛。"

小白："你等着，昨晚喝多了才会这样。"

图六十一

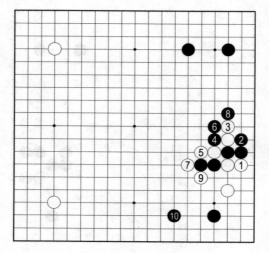

白1挡这边才是正确的应对。

黑6压时，白7扳是好棋，局部形成转换。

至黑10，我认为是白棋稍稍有利。

小黑："我痛恨转换！"

图六十二

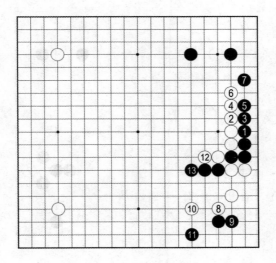

黑1爬出，顽强地作战也是一法。

虽然，黑棋棋形看起来很勉强，但至黑13，依然是一场双方难以把控的乱战。

小白："黑兄，你这棋形下得真够丑的。"

小黑："咋啦，我力量大！来，先战个三百回合。"

图六十三

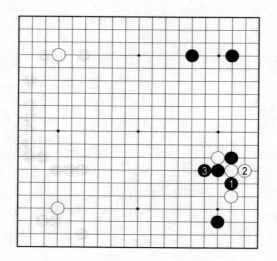

　　黑1先打吃再3位长，也是曾经流行的下法。

　　黑棋瞄着下边冲下去和上边征吃白棋，白棋似乎两边难以兼顾。

　　咋办？

　　莫慌！为师心里有数。

图六十四

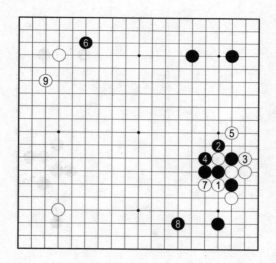

别问为什么，先记住要点——白1打吃才是正解！

黑2如征吃，就让他吃。

白3、5从下边溜出来，消除黑棋上边的潜力。

黑棋局部也没啥好棋下，大致会脱先。

右下角，白7与黑8是今后正常的交换。

至白9，黑棋的拔花其实没啥威力，黑棋有些无趣。

小黑："不是说好的，中央开花30目吗？"

小白："这都信，你好天真。"

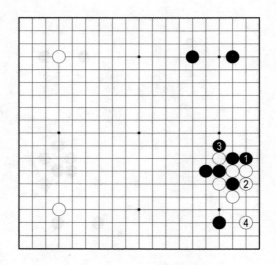

黑1挡，交换掉之后，再于3位征吃，这是以前曾经流行的下法。

局部也衍生出很多眼花缭乱的变化。

好在您认识了邹老师，"老花眼"就不再担心了。

告诉您个小秘密，不用整那些花里胡哨的，白4飞进角就可以满意！

图六十六

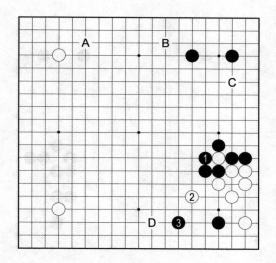

黑1拔掉，消除引征，总有一手棋的价值。

白2先手交换之后。

接下来，A、B、C、D都是此时白棋可考虑的选点。

全局来看，我认为白棋更好下一些。

图六十七

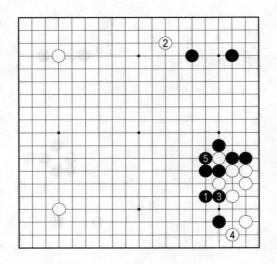

黑1先封白棋的头。

此时，一定要保持冷静，让他封！

白2脱先即可。

黑棋封住了头，下边也没啥好的配合，而白棋实地没啥损失。

小黑："好像得势不得分啊！"

小白："得分能轮到你吗？"

至白4，我认为白棋也不错。

图六十八

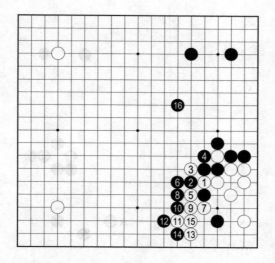

白1冲，正中黑棋下怀！

接下来，一通操作之后，白棋角上实地增长有限，而把黑棋外围撞得太厚，明显不划算。

黑16之后，右边的阵势相当吓人！

小黑："还真是挖个坑，你就跳！"

图六十九

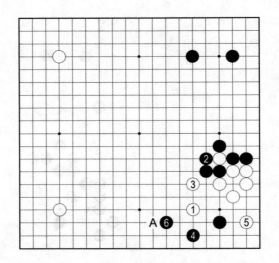

讲完简明的处理方法，咱们还是要提一句白1。

毕竟，这是AI老师此局面下的首选！

男主角，咱总不能一句都不提吧？

白1至黑6，是双方和平解决的定型。

今后，白棋有A位碰的后续手段。

与图六十六作比较，本图的白棋确实要稍优一些（注意，仅仅是稍优）！

那问题来了。黑棋不一定会如此老实。不老实就会衍生出很多其他的变数，白棋是否有这个必要？

　　小白："黑兄，您愿意接受我的欺负吗？"

　　小黑："这两天青春期，别激怒我的荷尔蒙！"

图七十

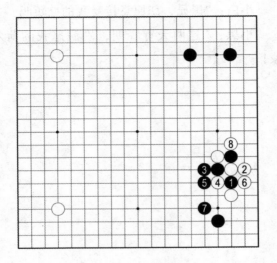

再顺便提一句，黑5拐吃的下法。

这一般是黑棋取势的下法。而现在的局面下，黑棋没有任何子力配合，如此进行显然是不行的。

好啦，关于黑1、3的下法，我们心里应该有数了。

记住，白4打吃是局部的要点！

图七十一

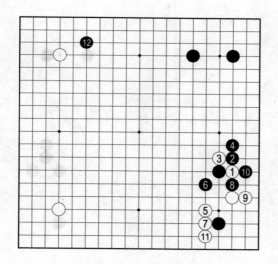

总结一下，捋一捋思路！

我们之前主要讲的是白1、3托断的应法。

黑棋此时右上角的配置非常理想，至黑12，是黑棋有利的局势。

因此，右下角的定式和全局配置有很大关系，如右上角是白棋，黑棋就未必有利了。

记住重要知识点——黑6小尖是局部的要点！

图七十二

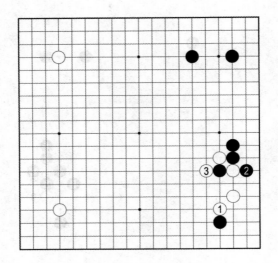

白1小尖也是一法。

AI老师提出了新颖的下法——黑2打吃！

白棋也未必要粘，在3位反打也是不错的定型（记不住后续变化的同学，请去看看图五十四）。

好啦，白棋托断的下法，咱们就暂时告一段落。

图七十三

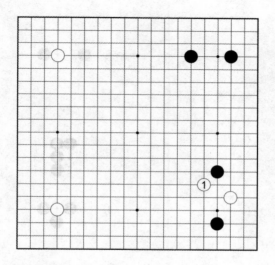

接下来，我们讲讲白1飞。

近年来，在职业高手的对局中，白1飞下得很少，不知道是啥原因。

小白："全球气候变暖，天气太热，飞不动。"

小黑："我看你是减肥失败，飞不起来。"

图七十四

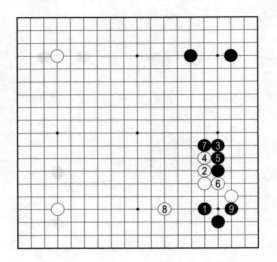

黑1小尖是局部的要点，瞄着冲断白棋。

白2压，至黑9的定型是以前的定式。

从胜率上来看，形势很接近。

不过，我个人认为黑棋右边配置不错，更喜欢黑棋。

当然，在细节上黑棋还可以做一些调整。

图七十五

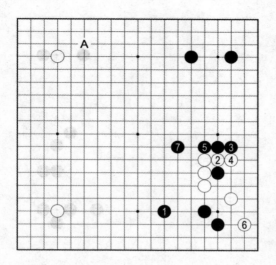

黑棋不粘上边，直接1位拆边也很不错。

白2冲，黑棋弃掉即可。

黑5贴起，扩张形势。

白6飞，实地不小。如不走，黑棋角上尖顶是愉快的先手搜刮。

至黑7，是双方可下的一局。

黑7脱先，于A位挂角也是一法。

图七十六

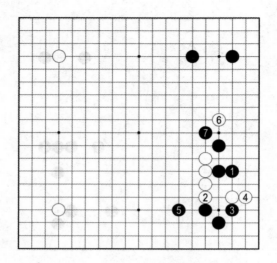

黑1立柱，也是一法。

白2不断而是顶，黑棋顺势5位跳出。

至黑7，形成乱战。

本图的战斗，我个人喜欢黑棋多一些。

总而言之，由于黑棋右上角的配置比较理想，以上几个图，尽管胜率很接近，但我更喜欢黑棋多一点。

小黑："还是我长得帅吧!"

小白："那是你的长相在邹老师'奇葩'的审美点上，换个正常人就未必!"

图七十七

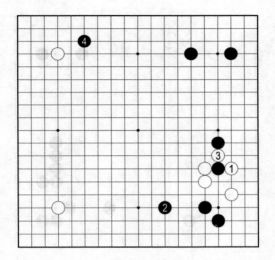

白1夹底下也是一种选择。

黑2先稳住阵角，瞄着白棋的毛病。

白3补棋，黑棋则脱先抢占大场。

本图的进行，双方大致差不多，我个人还是喜欢黑棋多一些。

图七十八

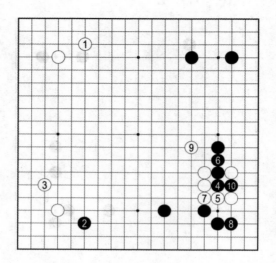

白1脱先，也可以。

不过，右下角黑4冲是留着的后续手段，黑棋通过攻击白棋获取实地。

至黑10，我依然认为黑棋还行。

小白："邹老师，您偏心啊！"

没办法，谁让我喜欢迈克尔·乔丹呢。

小黑："搞半天，我是沾了黑人的光。"

图七十九

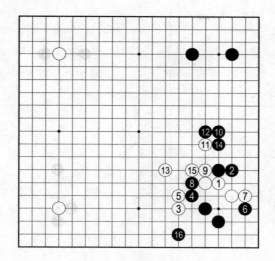

AI 老师还提出了白 1 贴的下法。

白 3 拦逼，凶狠。

接下来的战斗，头绪就比较多了。

请原谅我，邹老师能力有限，没法展开讲
了。

还是学习一下 AI 老师给出的变化。

至黑 16，是其中的一变，依然是混乱的局
面。

图八十

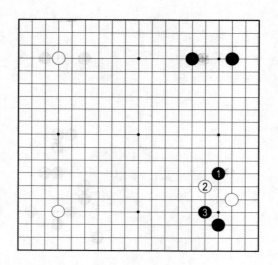

好啦，总结一下。

综上所述，白2飞，并不是飞不起来。

而是，此局面黑棋右上角配置较好，之前提到的各种战斗的变化，尽管很混乱，但暂时还没有得到职业高手们的赏识。

小白："哼！总有一天会让你们高攀不起！"

需要记住的是，黑3小尖是要点，AI老师认为，局部只此一手！

图八十一

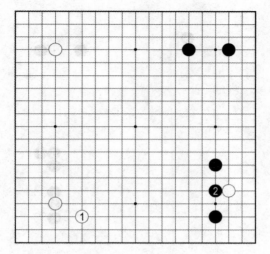

再来看看白棋脱先的下法。

邹老师曾经教过的武功心法还记得吗？

不会应，即脱先！

黑2靠住是局部棋形的第一感。

那么，关于右下角又会有怎样的变化呢？

图八十二

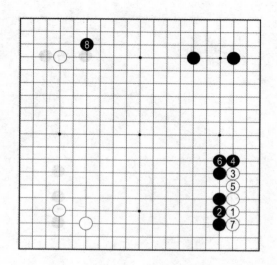

白1长，黑2粘上，白3托是局部常用的手段。

考虑到上边的配置，黑4扳外面，才是此时正确的方向。

至黑8，是双方都可接受的定型。

图八十三

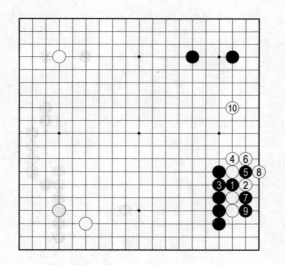

　　局部来说，黑1、3挖接也是常用到的手段。

　　至白10，黑棋的方向不太好，我认为黑棋不如上图的定型。

　　邹老师，白6一定要弃角吗？好像有接角上的下法。

　　咱们继续往下看。

图八十四

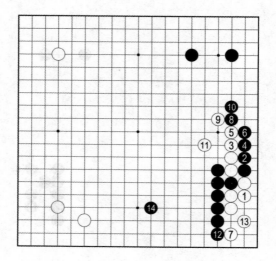

白1接角上，黑棋二路爬出去。

白7活角，黑棋则8位扳起。

至黑14，我认为白棋角活得有些小，不如上图弃子的定型。

因此，白7得在8位长！

图八十五

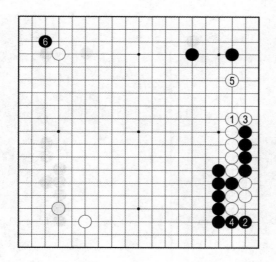

　　白1长，黑如3位爬，则白棋再活角，就明显便宜了。

　　因此，黑棋会吃角！

　　白3弃子。单看局部，白棋未必吃亏。

　　只不过，此时白棋只剩下白5拆二的空间，棋形显得拥挤，白棋不能满意。

　　小白："说好的住大别墅，怎么有种被欺骗的感觉。"

　　小黑："之前咱说的是建筑面积，只不过公摊大了点！"

图八十六

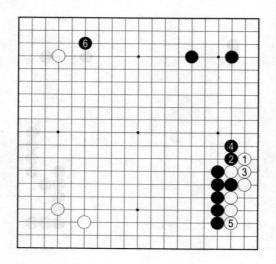

白1虎，也是可行的一法。

黑棋的厚味，正好被白棋左下角限制住。

我认为，本图黑棋稍稍吃亏。

小黑："为什么受伤的总是我？"

究其原因，还是之前的挖接有问题。

图八十二的进行，才是黑棋此局面更好的选择。

局部的具体手段都需要结合全局配置来综合考虑！

图八十七

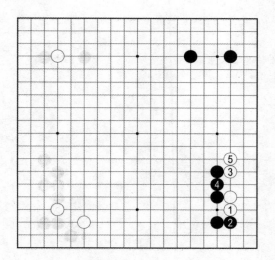

来看看非常规的手段。

黑2挡角里。

小白："还能这么下？"

小黑："就不讲理，你能拿我怎样！"

白3托，是局部的要点。

小黑："不好！对手看过邹老师的书！"

至白5，黑棋的行棋方向出了问题。

图八十八

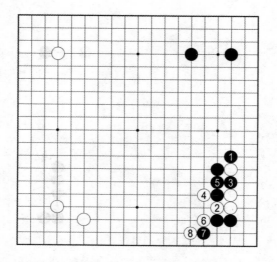

黑1扳外面，白2冲，黑棋已经封不住。

黑3只好放白棋出来。

白4打吃是紧凑的好手段！

黑5接，白6、8之后，黑棋的角已经要保不住了。

看来，黑5不能粘！

图八十九

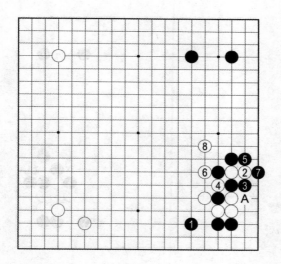

黑1补角上。

白2立是整形的好手段，一定要牢记！

小白："是不是有些不爽？"

小黑："有本事放下邹老师的书，咱们再大战三百回合！"

至白8，是白棋有利的定型。

进程中，黑7如粘上面，白棋脱先抢大场即可。

今后白A位打吃还是先手，黑棋也不舒服。

图九十

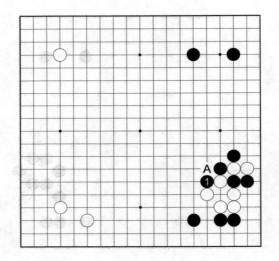

邹老师，我有些担心黑1打上来。

白棋总不能粘上吧？直接A位开劫，似乎又没有合适的劫材。

是的！当对方胡搅蛮缠时，咱们也得拿出招来。

实际上白棋此时的选择挺多的，为了便于大家的理解，为师就提供一个简单、粗暴的方案！

图九十一

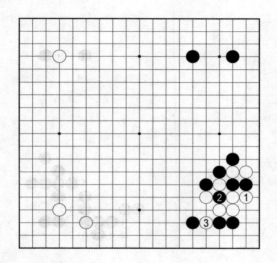

忍无可忍就无需再忍！

我打！

白1直接开劫，用3位挖做劫材。

实话说，这么直白的表达，并不符合邹老师的喜好！

小白："我觉得很好，我忍那小子很久了，这次一定要把他打成猪头三！"

图九十二

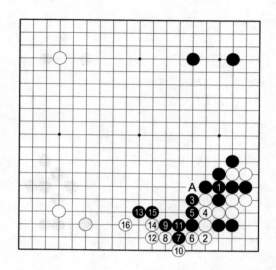

黑1消劫，白2立下，白棋角上实地获利颇丰。

黑3、5封外围，瞄着角上的味道。

白6、8二路夹出即可。

至白16，黑棋上方还留有A位的断点，白棋明显有利。

图九十三

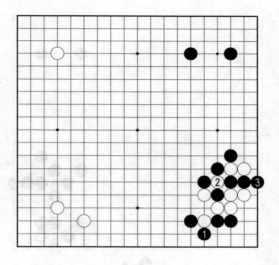

看来黑棋只能应劫。

白2提劫，黑棋找不到劫材，局部只能3位立。

小白："立到1路！你是属蟑螂的吧？打不死的小强啊！"

小黑："打我啊！气死你！"

直接开劫，白棋也没有合适的劫材，那咋办呢？

图九十四

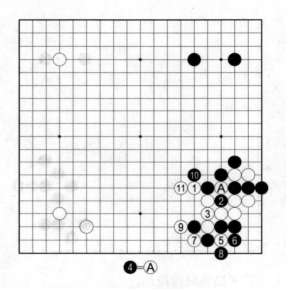

白1从这里打吃是简明的应对。

黑4消劫，白5断，至白11，控制住外围是白棋明显有利的局面。

看来，黑4不能消劫。

图九十五

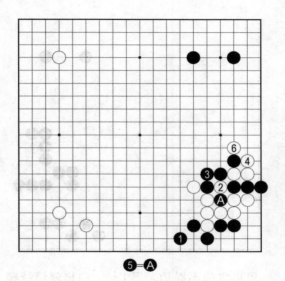

⑤＝Ⓐ

黑1下边应，白2提劫之后，白4位拐，黑棋为难。

黑5提劫，白6翻打上来即可。

黑棋粘不粘劫呢？粘，形状即是猪头三！

不粘，下边三颗子又是棋筋。

小白："早就说了，要把你打成猪头三！"

图九十六

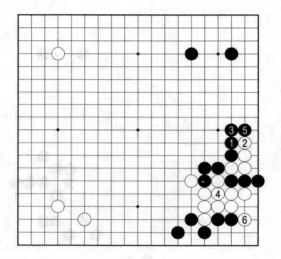

黑棋之前不提劫，黑1长，白棋就继续爬。

黑3如提劫，白则3位扳起，与上图大同小异。

黑3长，白4粘，简明吃住黑棋即可。

至白6，黑棋明显亏损！

小白："这次总服了吧！"

小黑："别得意，我一定会回来的！"

图九十七

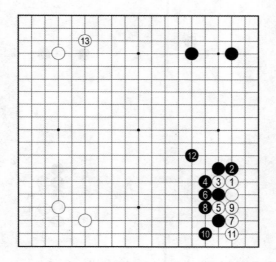

看看白1，白棋换个方向长，会怎样？

黑2如挡住，至黑12，您发现什么了吗？

和图八十二作比较（辛苦同学们，回头看看）。

黑棋局部落了后手，稍显不满。

咋会这样呢？

看来，黑2是有些问题的！

图九十八

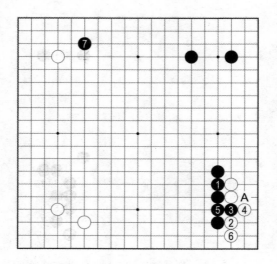

黑1粘，才是更好的应对。

白2如托，黑3、5挖接是要点！

白6下立要优于二二虎。

黑棋脱先抢占大场即可。

右下角，今后黑棋留着A位断的手段。

如此，我认为黑棋还不错。

图九十九

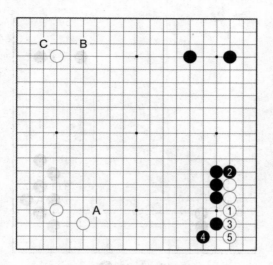

白1长要优于上图的进行。

黑2拐，方向正确。

白5之后，A、B、C都是黑棋接下来可以考虑的选点。

如此，是双方都可接受的结果。

好啦，局部常规的定型就给同学们介绍完毕。

再稍微啰嗦两句，讲几个白棋的失败图。

我这瞎操心的性格，什么时候才能改啊！

图一百

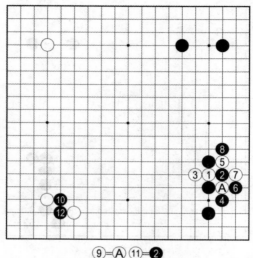

⑨＝Ⓐ ⑪＝❷

白1挖，黑棋该咋办？

别手软，黑2狠狠地从下边打吃！

白7之后，黑棋也有别的选择。

但邹老师不喜欢整那些虚的。

黑8，直接撸起袖子，干就好！

至黑12，形成转换，是黑棋稍有利的战

斗。

图一百零一

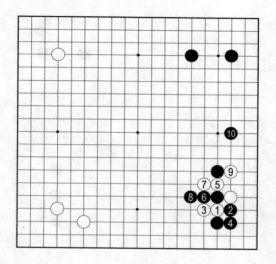

白1，换一边挖。

小黑："你有完没完啊！"

小白："不考考你，怎么知道你会呢！"

黑2依然要从下边打吃！

至黑10，也是黑棋稍有利的战斗。

图一百零二

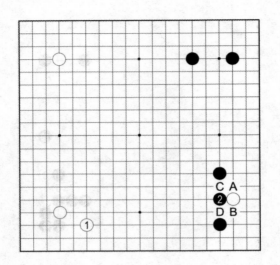

捋一捋思路。

黑2靠住之后，白棋角上A、B、C、D，4种应法我都有讲到了。（应该不会有第5种了吧？）

您要是还不明白，邹老师只能吐血三两以表敬意！

总结以下两点；

白棋C与D的下法稍显过分。

A与B才是此时白棋正常的选择。大致会形成图八十二，或者图九十九的进行。

图一百零三

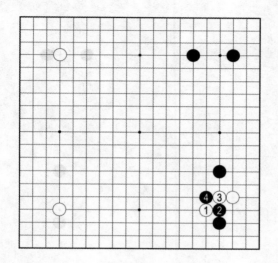

邹老师，您似乎还有白1的飞，没讲！

被您发现了。

黑2冲断之后，以前是认为白棋不好。

AI老师说："我都没搞清楚，你们人类居然敢下结论，是不是太草率啦？"

这么复杂的变化，是完全不符合"化繁为简"的宗旨的。

所以，同学们，请放过邹老师，也是放过你们自己。

图一百零四

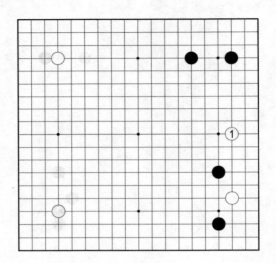

选一个好掌握的，咱们试试这招——白1。

邹老师，这招不疼不痒的，白棋究竟想干嘛？

资深的棋迷朋友们，应该见过这招吧。

是不是似曾相识，又想不起来在哪里见过？

邹老师，帮您回忆回忆！

柯洁执黑对申真谞

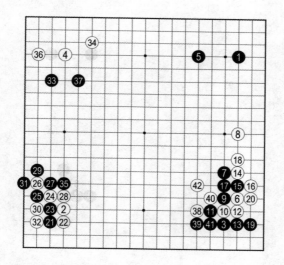

2022年的2月底，农心杯三国擂台赛上，柯洁就中了申真谞这一刀！

那段时期，柯洁执黑经常使用一间高夹。

小申同学"坏得很"，做了精心的准备，下出了此前从未出现过的白8！

好啦，接下来咱们就重点研究一下白8之后的手段！

图一百零五

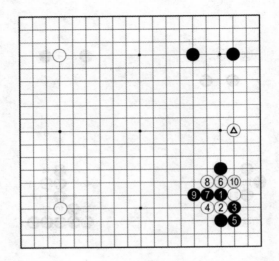

　　白棋上边有子之后，白2挖的手段即可成立。

　　之前，我们提到过，黑3打吃下边的手段。

　　至白10，咱们对比一下图一百零一，就可看出区别！

　　本图是白棋稍好的局面。

　　小白："我真没想到，兄弟你这么傻。"

　　小黑："熟归熟，不带人身攻击的啊！"

图一百零六

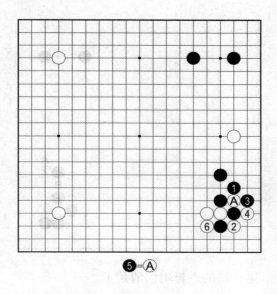

⑤＝Ⓐ

黑1打吃这里不能考虑!

白4打吃之后，黑棋初棋无劫，黑5只好委屈地粘上。

至白6，黑角地没了，黑棋明显吃亏。

图一百零七

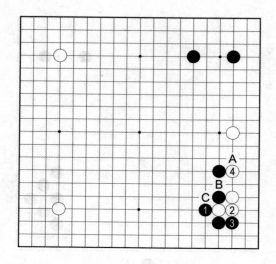

第一层的逻辑咱们清楚了。

所以，黑1打吃外面是必然的一手！

白4托，是需要牢记的知识点！

接下来，黑A则白B，黑外围封不住，崩溃。

记住，白4不要在B位打吃，黑C粘上，白棋也冲不出来。白B打吃，反倒把黑棋外围撞厚了！

图一百零八

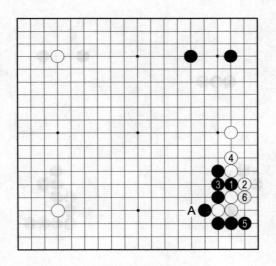

　　黑1至白6是双方必然的进行。

　　看见了吗？白棋连回之后，外围留着A位夹的后续手段！这就是上图白4托的好处，给黑棋外围制造薄味！

　　那么，柯洁实战的进行真的亏了吗？

　　其实未必！

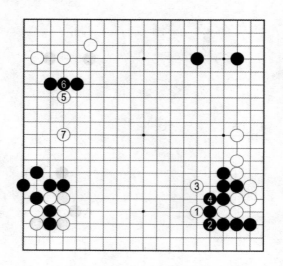

AI老师认为，柯洁主要是之后的问题。

白1夹时，黑2、4忍耐是AI给出的建议。

至白7，从胜率上看，依然是非常接近的局面。

不过，从人类的角度上看，黑2、4确实是相当难受！

小白："兄弟，忍一时，风平浪静。"

小黑："可退一步，我越想越气！"

因此，尽管胜率上是接近的，我个人依然喜欢白棋。

图一百一十

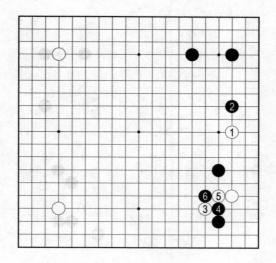

回头来看看白1的意图。

黑2如拦逼，白棋再右下角飞压。

黑棋冲断之后，我们可以看到白1与黑2的交换，会给右下角的战斗带来子力的接应。

申真谞序盘的研究不是一般的深！

图一百一十一

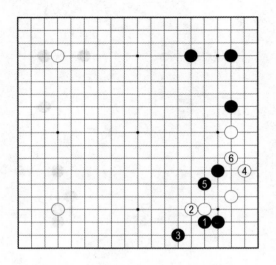

上图的战斗非常复杂，咱们先缓缓。

黑1要是底下爬，白4简单飞过即可。

至白6，尽管形势也比较接近，但白棋有打开局面之感。进程中，黑5也可直接脱先，走外面大场。

小黑："臭小子，滑溜得很啊，能不能好好战一场！"

小白："你先怂的，要战，挑上图来啊！"

图一百一十二

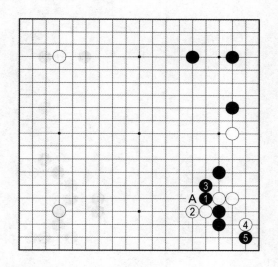

来看看黑棋冲断的变化。

白2长之后，黑3在A位压，也是一法。

别着急，咱们一个个来攻破！

白4飞角，黑5靠住是常用到的手段。

此时，白棋该怎么办呢？

是不是有些晕？

不怕，有我呢！

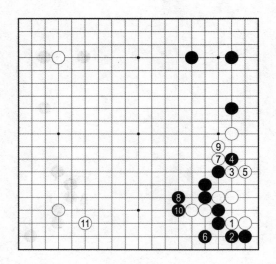

白1顶，有些时候是俗手。

但在此时，却是"俗而有力"。

当然，白1顶也不是局部唯一的一手，只是邹老师认为，是比较简明的应法。

白3、5托立，是局部的要点，要牢记！

黑棋已不能分断白棋。

黑6虎，黑棋得回防角部。白棋7位断，简明应对即可。

接下来，双方各自补棋，至白11，我认为白棋不错。

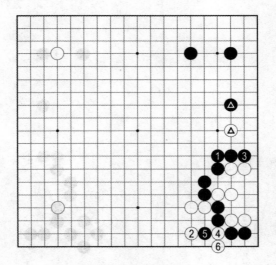

黑1粘上，白2先攻角部是要点！

黑3要是截断，白4、6经典的"大头鬼"，黑棋被杀。

黑1如直接3位挡，白则1位断，黑不行。

现在发现白棋之前交换的便宜了吧！

小白："是不是醒悟得有些晚了。"

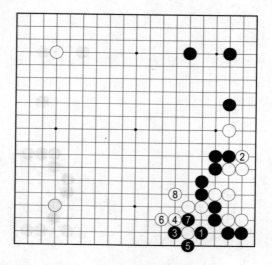

黑1虎角里，白2简单连回即可。

黑3夹，白棋不要杀黑棋，整理好自己的棋形，无需节外生枝。

至白8，无论是厚薄还是实空，黑棋都处于下风。

图一百一十六

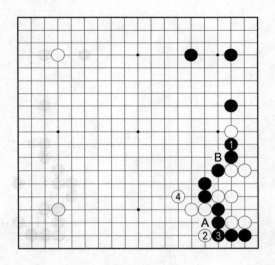

黑1顶，是局部最复杂的抵抗。

小白："黑兄，何必呢！"

小黑："后生仔，得让你知道，江湖的险恶！"

白2先手交换之后，白4尖是局部的好棋，要牢记！

白4小尖，防住黑棋A位的冲，同时瞄着B位的断点。

小黑："别得意，你也没活，我要先下手为强！"

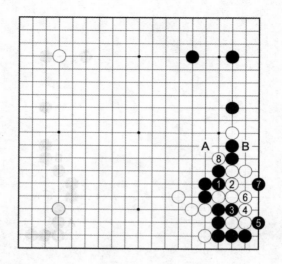

黑1以下开杀！

角里对杀，白棋未必杀得过黑棋。

只不过，白棋是跟黑棋外面杀！

小白："兄弟，麻烦多动动脑子，别光撸铁！"

白8断，黑棋不好抵挡！

注意，黑棋如A位夹，白B位扳，白棋从下边连回了。

图一百一十八

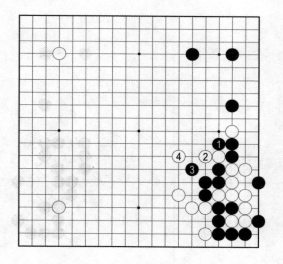

黑棋只好1、3，顽强。

此时，白棋应法有很多种。

但请记住，白4才是最帅的！

如果都是赢，为什么不赢得漂亮点。

图一百一十九

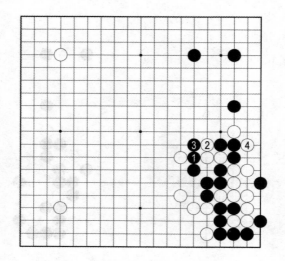

小黑："我看你到处是破绽！"

小白："全是破绽就没有破绽！"

黑1冲出，白4扳，白棋弃掉三子，下边获得联络。

小黑："你这不是送死嘛。"

小白："动动脑子，角上你不要啦?"

图一百二十

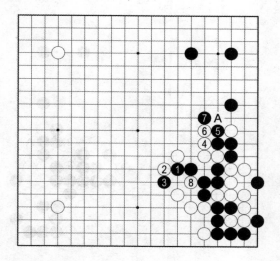

黑1换个方向冲。

黑3扳时，白4、6连压是先手！

黑7如脱先，白A位扳，黑棋下边四颗子保不住。

白8挤，黑棋只剩下两口气，棋筋被吃通。

邹老师，黑3先冲上边呢？

图一百二十一

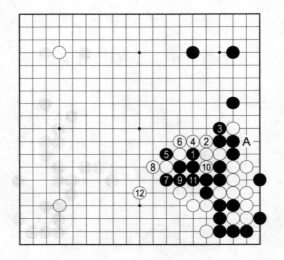

黑1冲这里，白2拐是先手，白4挡住，
至白12，黑棋一命呜呼了！

进程中，黑3不能4位冲，别忘了之前提
到的A位扳！

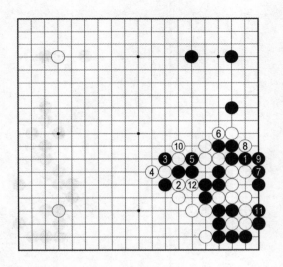

如果当作一道死活题来看。

黑1是此时唯一的正解，紧住白棋的气。

只不过，下棋不是做死活题，黑棋吃掉白棋下边，棋局已是大败！

注意！至白12，黑棋上边三颗子要被白棋吃通！

图一百二十三

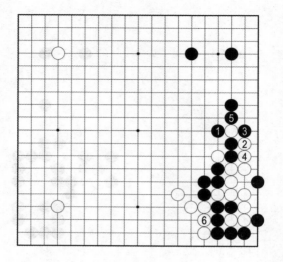

多提一句。白棋断的时候，黑1扳也不行。

白2扳，先手延气之后，黑棋角死了！

小白："黑兄，你怎么总是忘了二路扳？不长记性啊！"

小黑："失败是成功之母！"

图一百二十四

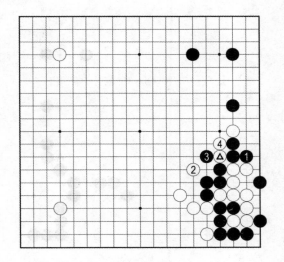

黑1挡下边，白2飞是好棋。

至白4，黑棋左右无法兼顾，杀气又正好差一气！

小黑："倒了八辈子的霉！"

现在明白，白棋⊛断的厉害了吧！

可惜晚了！

小白："人不到伤痕累累，就不会懂得后悔……"

图一百二十五

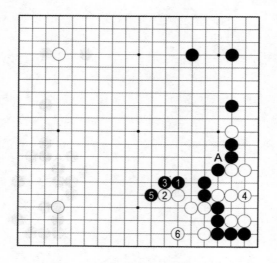

之前，我们强调了 A 位断的严厉性！

黑棋不能硬来，黑 1 靠，先稳一稳。

白 2 冷静地退即可。

黑 3 压不到。不要问为什么，解释起来太麻烦。记住——压不到！

白 4 补棋，吃住黑角。至白 6，黑棋只得弃子。

图一百二十六

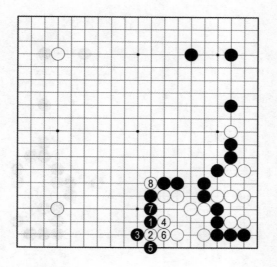

接上图。

黑1跳下，白2托是延气的好棋。

至白8，白吃住黑角，实地收获不少，而黑棋外围并不算厚实，黑棋较为难下。

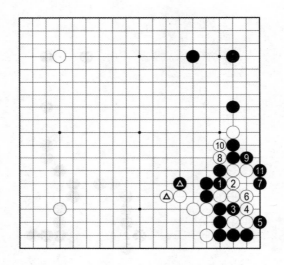

邹老师，我有个疑问！黑棋之前●与△交换到之后，难道不能杀白吗？按之前讲到过的变化（图一百二十四），至黑11，白棋不是死了吗？

这位同学，您能计算到这种程度，不愧是个高手！

只可惜，白8不会断，黑棋依然不利。

图一百二十八

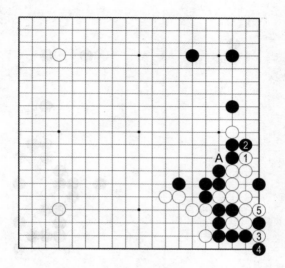

白直接和角里杀，局部是个打劫，黑棋依然不利。

进程中，AI老师还推荐白5直接在A位断。

可邹老师认为："何必打打杀杀的呢！"

原来角里对杀黑棋杀不过啊！那邹老师，您之前讲的变化，是逗我玩吗？

实在不好意思，之前没忍住，只是想证明自己的才华。

图一百二十九

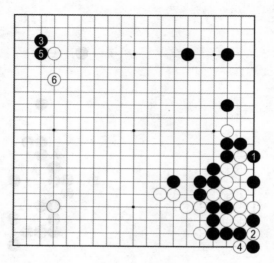

接上图。

黑棋如粘2位，气杀不过。

黑1扳，打劫。

白4消劫，即可。

形成转换是白棋有利的结果！

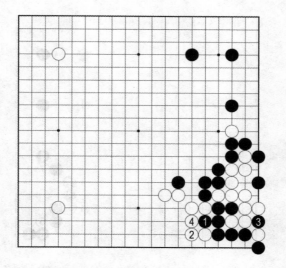

黑1找本身劫也不行！

白4可以粘上，黑棋劫材依然不利。

角部的变化有些多，邹老师也无法穷尽所有变化，也许会有漏讲的地方。

但综上所述，黑棋都是凶多吉少！

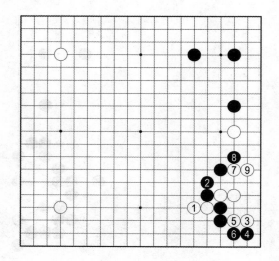

眼花缭乱的变化，是不是有些晕？

别着急，咱们捋捋思路，记住局部关键性的要点！

黑4靠住之后，白5、7、9三连击一定要牢记！

余下的变化看看图一百一十三至图一百一十六，重要知识点都在那几个图里！

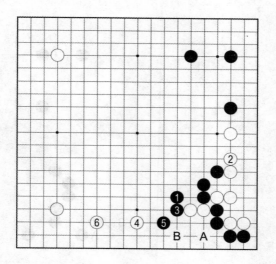

告诉你个小秘密。

AI老师认为，黑1跳，为此时最佳抵抗！

白2退，是邹老师的推荐。AI老师还有一些其他的应法，我都觉得有些复杂，没啥必要！

白4是先手，黑5需补棋。

黑5如脱先，白A跳点是先手，然后，B位跳，角上黑棋危险。

至白6，是双方都可接受的定型。

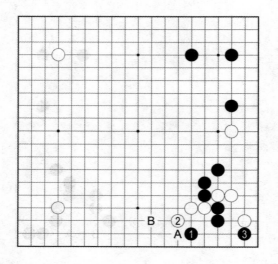

　　黑1先飞外面，白2尖，黑如继续二路爬，A与B的交换，黑棋不会便宜。

　　所以，黑最终要回到3位的靠。

　　那现在黑棋靠，和之前有区别吗？

图一百三十四

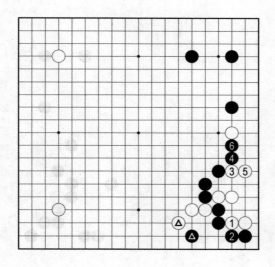

白1、3、5还按之前的手法来。

小白："咦，好像哪里不对劲。"

小黑："你懵懂的样子好可爱哦。"

黑棋⚫与白棋⚪的交换便宜了！（对比一下图一百一十六）

图一百三十五

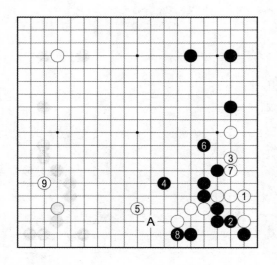

不要慌！

邹老师依然有简明之策！

白1立柱，黑棋角上得补，白3连回即可。

黑6飞，白7补棋，至白9，是白棋稍有利的局面。

进程中，白5在8位挡下也不错。

不过，黑棋可能会在A位拦下反击，战斗会有些复杂。

因此，既然是化繁为简，邹老师能化的地方就帮您化了！

图一百三十六

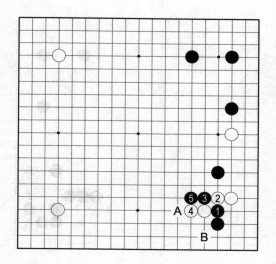

黑棋长的变化，咱们基本都掌握了。

黑5压，是咱们最后需要攻克的关口！

黑5之后，AI老师提供了A与B两种应对方式。

我最怕AI老师给出很多建议。

唉，没办法，咱们还得接着化繁为简！

图一百三十七

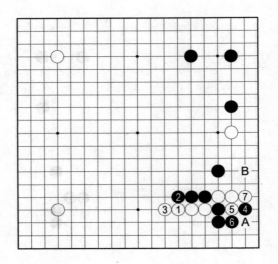

接上图。

我个人认为白1长，会更容易掌握一些。

白3之后，黑棋角上没有太好的应手！

黑如4位跳，白5、7之后，A、B两点白必

得其一，黑困难！

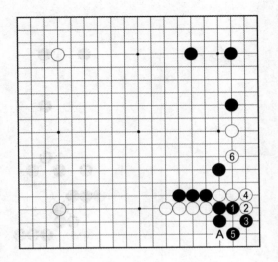

那换个方式，黑1贴，如何？

白2、4扳接是先手。

黑5如不补，白A位顶，黑角就被解决了。

至白6连回，黑棋啥也没捞到，明显吃亏！

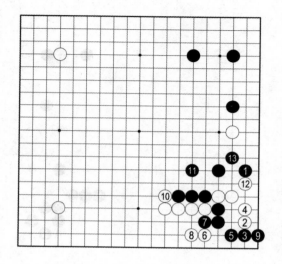

黑1跳下，与之前的进行比较，黑棋对白棋的冲击力要大得多！

白2飞，黑3靠住，对杀变得复杂起来。

白4以下至黑13，是双方必然的进行。

形势如何呢？

在判断形势好坏之前，咱们首先要搞清楚角里是啥情况！

图一百四十

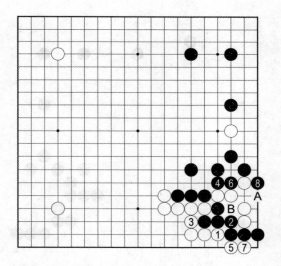

白棋直接紧气，黑4、6先收外气。

黑8打吃之后，白如A，则黑B，仔细看一下，白棋是净死。

小黑："世界很糟，有你真好。"

小白："沙包那么大的拳头，你有没有见过！"

图一百四十一

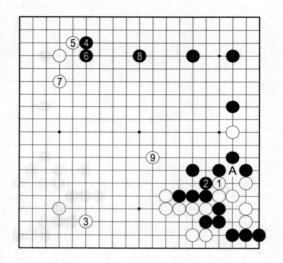

角里直接杀气，白杀不过，那咋办？

别那么轴！迂回一点！

AI老师说，白1点到为止，即可脱先了。

至白9，AI老师认为，白棋形势不错。

注意，角上今后白棋有A位扑入的手段。也就是说，白棋角上没有死净！

不过，白棋A位扑入的时机（有没有劫材很重要），是个难点！

所以，邹老师认为白棋的优势也没想象中那么好把控！

图一百四十二

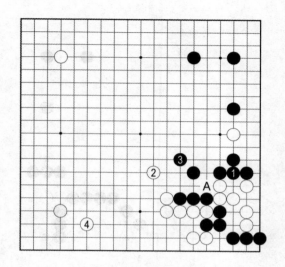

黑棋也可以补在1位，消除打劫的余味。

不过，白2飞是先手！

黑3不能脱先！否则，白A位冲，黑紧不住白棋的气，黑棋角上就被白棋吃了！

本图进行至白4，是白棋不错的局面。

我认为，对于黑棋来说，本图不如上图的进行。

图一百四十三

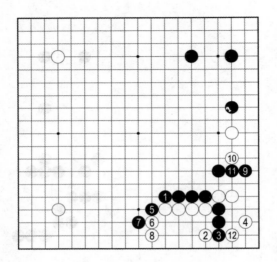

之前的变化可以看出，角上黑棋没啥厉害的应手。

那就往外想办法，咱们来看看黑1压的变化。

小黑："有种你就吃角！"

小白："你诈我，以为我不知道吗！"

至白12，白棋角地丰厚，没有不满的道理。

记住重要的知识点——黑1压不到，白2跳是要点！

图一百四十四

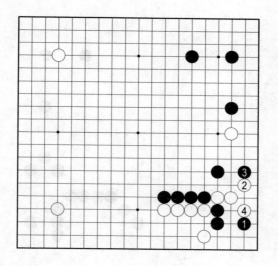

上图黑棋的处理太简单了!

小白:"黑兄,你好歹给我点压力。"

黑1跳角里,会复杂很多。

记住要点——白2小尖!

黑3如靠下,白4继续小尖就很简明。

图一百四十五

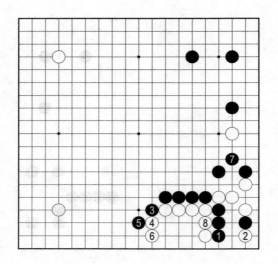

黑1挡，角上延气。

白2夹，是局部的要点，黑棋杀不过，只得弃子。

小白："肥角在手，胜利我有！"

小黑："本以为会有场恶战，但好像攻了个寂寞。"

邹老师，这一带的变化确实有些复杂啊！

您是不是还有很多困惑？来微信视频号找我交流吧！搜索微信视频号"邹俊杰围棋"，就能找到我啦！

图一百四十六

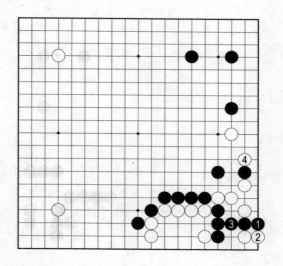

黑1从角里动手，无疑是在无理取闹！

白4夹，白棋已经联络了！

小白："黑兄，你到底想干嘛？多动脑，少撸铁！"

图一百四十七

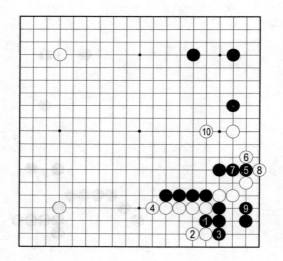

黑1、3先在角上行棋。

小白："黑兄，这次比上次有劲多了。"

小黑："是你让我上压力的，可别后悔！"

白4长，是最强应对！

黑5靠下，白6夹是早就准备的手段，黑棋无法分断白棋。黑棋角里需要做活，至白10，白棋大块扬长而去。

小白："黑兄真是美貌与智慧并重，英雄与侠义的化身。"

小黑："唉，你欺骗了我，还一笑而过……"

图一百四十八

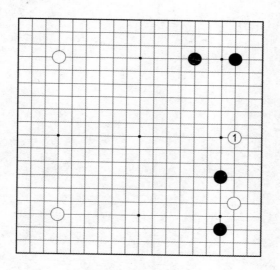

好啦，本册到尾声啦！

别只看个热闹，想想咱们学了啥？

对于一间高夹，常规应法和非常规应法，咱们都有讲到。而白1这步申真谞的高招，也很有意思。

有收获吗？

有收获就请拿出实际行动来，支持邹老师！

别手软，别害羞，把书买起来，买到爆！

对了，记得支持正版啊！

OK，咱们下册再见。